추억의 숨은 그림 찾기 4

슬로래빗

뒷산 토끼몰이의 추억

돌고래, 만두, 말굽자석, 멸치, ㅂ ㅇ ㅃ,
솜사탕, 숫자 6, 알파벳 B, 여우, 쥐

고슴도치, 바게트빵, ㅅㄴㄱㅂ, 악어, 옷걸이,
펭귄, 하키채, 한글 자음 ㅁ, 핫도그, 효자손

다른그림찾기 ①

눈 올 때까지
지워지면 안 돼~

▼ 정답 p.74

권총, 금붕어, 낚싯바늘, 도넛, 땅콩, 라면,
숫자 6, ㅇㅍ, 장도리, 토끼

가오리, ㄱㅈㅈ, 높은음자리표𝄞, 립스틱, 성냥개비,
알파벳 y, 은행잎, 젖병, 초밥, 화살표

십자말풀이 ①

가로

2) 소식을 전하는 것. 우편이나 전신, 전화 등을 수단으로 한다.

4) 일이나 사건을 풀어 나갈 수 있는 첫머리. 🔑 단서

6) 사람의 몸.

8) '분한 마음이 하늘을 찌를 듯 격렬하게 북받쳐 오름'을 뜻하는 사자성어.

10) 빵 안에 크림을 넣어 만든 서양 과자.

12) 터무니없는 헛소문.

13) 털갈이하지 않은 새끼를 길들여 사냥에 쓰는 매. 털 색깔을 본뜬 이름이다.

15) 재주가 아주 뛰어난 사람.

19) 생강과 계핏가루를 넣어 달이는 우리나라 전통 음료의 하나.

21) 어떤 현상을 일으키거나 영향을 미침.

22) 그리스 신화에 나오는 거인 사냥꾼. 제과 회사의 이름이기도 하다.

23) 아이들 놀이 중 하나로 숨은 아이들을 찾아내는 놀이.

25) 기계나 자동차 따위를 움직여 부림.

세로

1) 상대성이론을 개발한 독일의 물리학자. 부스스한 흰머리와 콧수염이 특징이다.

3) 개인의 사회적인 위치나 계급. 🔑 계급

4) 생각한 바를 실제로 행함. 🔑 수행

5) 공연을 앞두고 실제처럼 하는 연습을 뜻하는 외래어. 🔑 예행 연습

7) 바둑판 모양의 무늬를 뜻하는 외래어.

9) 무한궤도를 갖추고 포와 기관총 따위로 무장한 전투용 차량. 🔑 전차

11) 가로로 낮게 놓인 막대 사이를 빠져 나가는 놀이.

12) 계획한 일이 실패로 돌아가거나 기대에 어긋나 매우 딱하게 됨.

14) 테니스 · 배드민턴 · 탁구 따위에서, 공 또는 셔틀콕을 치는 기구.

16) 폐품 따위를 용도를 바꾸거나 가공하여 다시 씀. 🔵리사이클링

17) 밤 열두 시를 이르는 말. 🔵정오

18) 지구의 기온이 높아지는 현상.

20) 부주의나 태만 따위에서 비롯된 잘못이나 허물.

21) 꾸며서 하는 것이 두드러지게 눈에 띄는 것. 🔵가식적

23) 이슬람 세계에서 성속의 지배자를 이르는 말.

24) 생물이 살아 움직이는 힘.

▶ 정답 p.78

순 우 리 말 짝 짓 기 ①

너나들이	ㄱ		❶	언제나 변함없이 그대로
온새미로	ㄴ		❷	둘레가 한 아름이 넘는 것
아름드리	ㄷ		❸	물건이 거듭 쌓이거나 일이 계속 일어남
곰비임비	ㄹ		❹	존댓말을 쓰지 않고 허물없이 지내는 사이

▶ 정답 p.79

이거 눈싸움 맞아?

공깃밥, 밤, 병아리, 손톱깎이, 양말, 와이파이 기호, 장총, 팝콘, 한반도 지도, ㅎㅇㄹ

▼ 정답 p.74

과도, 나비, 라면, 밤, 붓, ㅅㄱㅈ, 악어,
장도리, 팔분음표 ♪, 화분

다른그림찾기 ②

▶ 정답 p.80

방 구 석 야 구 왕

▼ 정답 p.74

ㄴㅅㅂㄴ, 면봉, 밤, 병아리, 숫자 3,
아령, 자, 지렁이, 파리채, 호두

각도기, 고추, 　ㅁㄷ　, 말굽자석, 모래시계, 숫자 4,
열쇠, 오리발, 태극 문양, 회오리 사탕

십자말풀이 ②

가로

1) 순우리말로, 풀이나 나무 따위의 아랫동아리를 뜻한다.

3) 살아가는 형편이나 정도. ○○이 넉넉하다.

4) 윗옷과 아래옷이 붙어서 한 벌로 된 옷.

6) 대대로 물려 내려오는 점포.

7) 조선 개국의 일등 공신으로 호는 '삼봉'이다.

10) 남을 위하여 수고한 것을 생색내며 스스로 자랑함. 유 생색

12) 무엇에 얽매이거나 구속되지 않고 자기 의지대로 할 수 있는 상태.

13) 자기의 잘못에 대하여 깨닫고 깊이 뉘우침. 유 회개

14) 육체적·정신적으로 성인이 되어 가는 시기. 요새는 '중이병'이라고도 한다.

17) 주식이나 채권 등을 보유하지 않고 파는 행위를 이르는 말.

18) 공식적으로 손님을 맞아들여 만나 봄.

19) 관습처럼 되게 함.

20) 어떤 곳을 중심으로 하여 가까운 곳. 유 근방

21) 국가의 공동체적 이념을 강조하고 그 통일, 독립, 발전을 꾀하는 주의. 유 내셔널리즘

세로

1) 매우 아름다운 광경이나 경치를 비유적으로 이르는 말.

2) 예수가 태어난 해 이전. 영어로는 B.C.(Before Christ)로 나타낸다.

3) 금품, 전단 따위를 여러 사람에게 나누어 줌. 유 배포

5) 전기 회로를 이었다 끊었다 하는 장치.

6) '몹시 마음을 쓰며 애를 태움'을 뜻하는 사자성어.

8) 칼로 음식의 재료를 썰거나 다질 때 받치는 것.

9) 미처 생각할 겨를도 없이 급히.

10) 기계 따위가 헛도는 일.

11) 설탕이나 엿 따위를 끓였다가 식혀서 굳힌 것.

15) 고려와 조선시대에 시정의 기록을 맡던 관아.

16) 윗옷의 좌우에 있는 부분으로 두 팔을 꿴다.

17) 주권이 국민에게 있는 나라. 대한민국은 민주○○○이다.

18) 가까이 다가감.

20) 상가에 부조로 보내는 돈이나 물품.

▶ 정답 p.78

순 우 리 말 　 짝 짓 기 ②

다붓다붓	ㄱ	①	아이가 탈 없이 잘 놀며 자라는 모습
송골송골	ㄴ	②	여럿이 모여서 나직한 목소리로 지껄이는 소리
도담도담	ㄷ	③	땀이나 소름 따위가 표면에 잘게 돋아나 있는 모양
자갈자갈	ㄹ	④	여럿이 가깝게 붙어 있는 모양

▶ 정답 p.79

건전지, 과도, 숫자 3, 아령, 장도리, 장총, 촛불, ㅍㅈㅂㅌ, 한글 자음 ㄹ, 활

▶ 정답 p.74

눈, 만두, 말굽자석, ㅂㅊㄱ, 뼈다귀,
손톱깎이, 숫자 9, 촛불, 하트, 회오리 사탕

다른그림찾기 ③

▶ 정답 p.80

우당탕탕 졸업식

공깃밥, 쉼표, 식빵, 오리발, 우산,
자, 전기 플러그, ㅈㄱ, 종이배, 핸드폰

정답 p.75

농구공, ㄷㅌㄹ, 독수리, 빨래집게, 숫자 2, 오이,
지렁이, 편지봉투, 한반도 지도, 효자손

정답 p.75

23

십 자 말 풀 이 ③

가로

1) 여럿 가운데에서 하나를 고름.

3) 사물의 상태나 움직임을 암시적으로 나타내는 수사법. "내 마음은 호수요."

5) 미끼를 꿰어 물고기를 잡는 일.

7) 아무 목적 없이 이리저리 어슬렁거리며 돌아다님.

8) 무엇이 좋고, 옳고 바람직한지를 판단하는 기준.

10) 액면 가격에 상당하는 물건과 교환할 수 있는 표.

12) 조심하거나 깊이 생각하지 않고 마음 내키는 대로 마구.

13) 일이나 공부 따위를 게을리함.

14) 면전에서 꾸짖거나 나무람. ㈌타박

15) 갑자기 세차게 쏟아지다가 곧 그치는 비.

18) 한두 번 보고 곧 그대로 해내는 재주.

20) 우리나라 삼국 시대의 삼국 가운데 주몽이 세운 나라.

21) 효모, 곰팡이 등의 미생물을 이용해 가공한 음식. 김치, 된장, 젓갈 등이 있다.

22) 손을 이리저리 움직이는 일.

23) 전투나 경기 따위에서 올린 성과.

24) 긴장이나 규율 따위가 풀려 마음이 느슨함.

세로

1) 우편물이나 짐, 상품 따위를 요구하는 장소까지 직접 배달해 주는 일.

2) 한 번만 쓰고 버리도록 되어 있는 물건.

4) 육해공군의 법무 병과 소속의 장교.

6) 순우리말로, 모르는 사이에 조금씩 조금씩을 뜻한다.

9) 병이나 상처 따위를 잘 다스려 낫게 함.

11) 부부나 연인이 시간이 지나며 감정이 시들해지는 시기를 이르는 말.

12) 굵고 탐스럽게 내리는 눈.

16) 나비의 날갯짓처럼 사소한 사건이 추후 예상치 못한 엄청난 결과를 일으키는 현상.

17) 태양에서 셋째로 가까운 행성으로 달을 위성으로 두고 있다.

19) 얼음 위에서 썰매를 타고 노는 일.

20) 품위와 격식이 높음.

21) 더 낫고 좋은 상태나 더 높은 단계로 나아감.

22) 물질적으로나 정신적으로 밑짐. 🈁 불리

▶ 정답 p.78

순우리말 짝짓기 ③

건들바람	❼	❶	좁은 틈으로 세게 불어 드는 바람
돌개바람	ㄴ	❷	초가을에 불어오는 시원한 바람
하늬바람	ㄷ	❸	나선 모양으로 도는 회오리바람
황소바람	ㄹ	❹	남쪽에서 부는 바람

▶ 정답 p.79

깃털, ㄷㄱ, 도토리, 산타 모자, 알약, 알파벳 V,
커터칼, 펭귄, 항아리, 활

정답 p.75

▼ 정답 p.75

공깃밥, 과도, ㄷㄴ, 막대사탕, 숫자 3, 볼링핀, 부메랑,
코끼리, 팝콘, 한글 자음 ㅅ

다른그림찾기 ④

▶ 정답 p.80

첫 캠핑, 보이스카우트

가오리, 금붕어, 다리미, ㄷㅁㅂ, 도토리,
뗏목, 오징어, 젖병, 촛불, 화살표

깔때기, ㄴㅂ, 라이터, 숫자 2, 오리, 요리사 모자, 은행잎,
작살, 창, 회오리 사탕

십자말풀이 ④

가로

1) '모든 것이 뜻대로 잘됨'을 뜻하는 사자성어.

3) 순우리말로, 맛이나 재미, 심심풀이로 먹는 음식을 뜻한다.

5) 가로막아서 거치적거리게 하는 사물.

7) 조종사가 탑승하지 않고 비행하는 비행체.

8) 대기를 구성하는 무색, 무취의 투명한 기체.

9) 다른 것에 예속하거나 의존하지 않는 상태. 윤자립

10) 본격적인 전투를 벌이기 전에 하는 작은 규모의 전투.

11) 다른 나라로부터 상품이나 기술 따위를 국내로 사들임. 반수출

13) 천의 여러 배가 되는 수.

14) 일정한 신분이나 지위.

16) 어떤 사실과 관련하여, 그 후에 벌어진 경과에 대하여 덧붙이는 이야기.

18) 풀이나 나무에 새로 돋아 나오는 싹. 사물의 시초가 되는 것.

19) 백 년을 단위로 하는 기간.

20) 범죄를 저지른 사람.

21) 같은 종류의 연속 기획물을 뜻하는 외래어.

23) 학의 날개. 학이 날개를 편 듯이 치는 진법을 ○○진이라 한다.

24) 남에게 품는 나쁜 감정.

세로

1) 마음에 흡족함.

2) 금융 기관에서 예금한 사람에게 출납의 상태를 적어 주는 장부.

3) 쇠붙이를 녹여 거푸집에 부은 다음, 굳혀서 만든 물건.

4) '헤아릴 수가 없을 만큼 많음. 또는 그렇게 많은 수효'를 뜻하는 사자성어.

6) 일의 맨 처음이라는 뜻.

7) 커피를 끓이는 방법 중 하나로, 커피 가루에 뜨거운 물을 부으면서 걸러 낸다.

9) 모든 일을 독단적으로 판단하여 처리하는 사람.

10) 어떠한 기상 조건에도 제 기능을 다할 수 있음.

12) 어떤 사실을 화제로 삼아 이러쿵저러쿵 쓸데없이 입을 놀리는 일.

15) '오래지 않은 동안에 아주 다른 세상이 된 것 같은 느낌'을 뜻하는 사자성어.

17) 생계를 꾸려 나갈 수 있는 수단으로서의 직업.

18) 시각 장애인을 대상으로 교육을 실시하는 특수 교육 기관.

22) 일이 어찌 될 무렵. 끝나 갈 ○○.

▶ 정답 p.78

순 우 리 말 짝 짓 기 ④

가랑비	ㄱ		①	햇빛이 있는 날 잠깐 내리는 비
달구비	ㄴ		②	가늘게 내리는 비
여우비	ㄷ		③	어둠침침하게 오랫동안 내리는 비
궂은비	ㄹ		④	빗발이 아주 굵게 쏟아지는 비

▶ 정답 p.79

온몸으로 놀았던 오락실

깔때기, 꼬치 오뎅, ㅂㅁㄹ, 삼각자, 스페이드 ♠,
알파벳 M, 유에프오, 종이배, 태극 문양, 화살

껌 종이, 면도기, 립스틱, ㅂㅈ, 보트, 볼링핀, 빗,
새, 숫자 7, 외계인

다른 그림 찾기 ⑤

▶ 정답 p.80

나사못, 반지, 발자국, 빨래집게, 아이스크림, 알파벳 H, 오[뻐],
꼬치 오뎅, 쭈쭈바, 책

▼ 정답 p.76

단추, 도끼, 때수건, 망치, 못, 알파벳 K,
작살, ㅈㅅㅇ, 칫솔, 핸드폰

십 자 말 풀 이 ⑤

가로

1) 한가롭게 걸음. 또는 그런 걸음.

3) 빛의 굴절 현상에 의해 공중이나 땅 위에 무엇이 있는 것처럼 보이는 현상.

6) 금융 기관에서 예금이나 대출 상황 등을 기록하고 관리하기 위해 부여한 번호.

7) 운동선수를 훈련하고 지도하는 사람을 뜻하는 외래어.

8) 학생이 학교에 감. 凹 하교

11) 전화 따위가 두 지점 사이에 장애나 중계 없이 바로 통함.

13) 고대인의 사유나 표상이 반영된 신성한 이야기.

15) 살이 쪄서 몸이 뚱뚱함.

17) 예정하거나 필요한 수량보다 많아 남음. 공급○○.

19) 포도의 즙을 발효시켜 만든 서양 술.

21) 한 바퀴 돌아 제자리로 돌아오거나 돌아감. 㕥 복귀

23) 듣는 이가 여러 사람일 때 그 사람들을 높여 이르는 이인칭 대명사.

24) 수효를 세는 맨 처음 수.

26) 헤엄치거나 즐길 수 있게 시설이 갖추어진 바닷가.

28) 들어가기도 하고 나오기도 하여 가지런하지 않은 모양.

30) 한창 혈기가 왕성할 때의 남자를 이르는 말.

세로

1) 사물이나 능력, 책임 따위가 실제 작용할 수 있는 범위.

2) 관을 돕는 일을 맡은 직책. 또는 그런 관리.

3) 도로에 설치해 차량이나 사람에게 정지, 진행 등을 지시하는 장치.

"""

4) 물품이나 정보 따위가 전하여지는 경로를 뜻하는 외래어.

5) 땅을 지키는 열두 수호신. 열두 마리의 동물.

9) 학생을 가르치는 직업이나 직무.

10) 캐나다의 수도.

12) 어떤 곳이나 때를 거쳐서 지나감.

14) 재물이 계속 나오는 보물단지.

16) 바로잡아 회복함.

18) 쓰고 난 후 남은 것. 🔠 여분

20) '사람의 얼굴을 하고 있으나 마음은 짐승과 같음'을 뜻하는 사자성어.

22) 듣는 이를 높여 이르는 이인칭 대명사.

25) 집을 떠나 가까운 곳에 잠시 다녀오는 일.

27) 이익을 얻으려고 물건을 사서 팖. 또는 그런 일.

29) 새나 곤충의 몸 양쪽에 붙어서 날아다니는 데 쓰는 기관.

▶ 정답 p.78

순 우 리 말 짝 짓 기 ⑤

갈치잠	ㄱ	❶	갓난아이가 두 팔을 머리 위로 벌리고 자는 잠
괭이잠	ㄴ	❷	깨었다가 다시 든 잠
나비잠	ㄷ	❸	깊이 들지 못하고 자주 깨면서 자는 잠
그루잠	ㄹ	❹	비좁은 방에서 여럿이 모로 끼어 자는 잠

▶ 정답 p.79

▶ 정답 p.76

라면, 뻐ㄷ, 사탕, 손가락, 접이식 칼, 종이배,
책, 칠판지우개, 태극 문양, 한글 자음 ㅅ

ＥＴ처럼 하늘을 날아올라

각도기, 고인돌, 늑대, 바게트빵, ㅂ ㅇ ㅃ ,
아이스크림, 열대어, 제기, 조개, 해마

전격Z작전
키트!
에어울프
브V이
44

▶ 정답 p.80

▼ 정답 p.76

공깃밥, ㄴㄷ, 달걀프라이, 땅콩, 뚫어뻥,
배추, 부엌칼, 손가락, 장도리, 털모자

감, 건빵, 몽당연필, 소시지,

ㅇ ㅇ ㅅ ㅋ ㄹ, 알파벳 A, 압정, 야구모자, 열쇠, 하트

가로

1) 민속놀이 중 하나로, 여러 사람이 함께 손을 잡고 원을 그리며 빙빙 돌면서 춤을 추는 것.

4) 귀신같이 나타났다가 사라진다는 뜻의 사자성어.

6) 이야기할 만한 재료나 소재.

7) 백분율을 나타내는 단위. 기호는 %.

9) 고등 동물의 조직 사이를 채우는 무색의 액체.

10) 개인적으로 남을 위하여 돕거나 시중을 드는 것을 뜻하는 외래어.

13) 사물의 성질이나 상태를 나타내는 품사.

14) 널리 이롭게 함. 단군의 건국 이념은 ○○인간.

16) 빚이나 요금, 세금 따위의 물어야 할 것을 없애 줌. 유 삭감

18) 나는 듯이 높이 뛰어오름.

19) 구리와 주석을 합금하여 만든 돈.

21) 관악기, 타악기, 현악기 따위로 함께 연주하는 음악.

23) 자동차, 기차, 전차 따위의 차량을 넣어 두는 곳.

24) 그 나라에서 발생하여 전해 내려오는 그 나라 고유의 문화.

25) 받고자 하는 대우를 받지 못할 때 내는 심술.

세로

1) 충격이나 온도 변화에 견디도록 단단하게 만든 유리.

2) 남의 자유의사를 억눌러 원하지 않는 일을 억지로 시킴. 유 강권

3) 랩뮤직을 전문적으로 하는 사람을 뜻하는 외래어.

4) 시큼한 냄새나 신물이 목구멍으로 넘어오면서 나는 트림.

5) 상식이 전혀 없음. 🖲무례

8) 혼란 없이 순조롭게 이루어지게 하는 사물의 순서나 차례.

11) 설탕을 빙빙 돌려 막대기에 구름처럼 감아 만든 음식.

12) 물질적으로나 정신적으로 보탬이 되는 것. 🖲손해

13) 일이 되어 가는 상태나 경로 또는 결과.

14) 조선시대 허균이 지은 우리나라 최초의 한글 소설.

15) '불을 보듯 분명하고 뻔함'을 뜻하는 사자성어.

17) 달면 삼키고 쓰면 뱉는다는 뜻의 사자성어.

20) 전해 내려오는 사상·관습·행동 따위의 양식.

22) 불길하고 무서운 꿈.

▶ 정답 p.78

순 우 리 말 짝 짓 기 ⑥

에움길	ㄱ		❶	냇가나 강가 따위에 있는 돌이 많은 길
벼룻길	ㄴ		❷	아래가 강가나 바닷가로 통하는 벼랑길
뒤안길	ㄷ		❸	빙 둘러서 돌아가는 길
서덜길	ㄹ		❹	늘어선 집들의 뒤쪽으로 나 있는 길

▶ 정답 p.79

충격의 성수대교 붕괴

공룡, 땅콩, ㅁㅊ, 버섯, 숫자 4, 오리, 오리발,
조개, 크래커, 팝콘

▼ 정답 p.76

훅훅, 한국을 흔든 홍수환의 펀치

▼ 정답 p.76

감자, 과녁, 드라이어, 멸치, 밤, 숫자 2,
유에프오, 윷가락, ㅈㅇㅂ , 화분

골! 골!
골인입니다.
후지산이
무너집니다.

▶ 정답 p.80

감, 권총, 나사못, 드라이어, 바늘, 숫자 1,
오리, 칠판지우개, 텐트, 피 ㄱ

▼ 정답 p.77

곰, 리ㅁ, 마늘, 마이크, 면봉, 숫자 8,
아령, 알파벳 H, 전갈, 커터칼

십 자 말 풀 이 ⑦

가로

1) 종이를 접어서 학, 배, 비행기 따위의 모양을 만드는 일.

3) 온갖 중고품을 팔고 사는 만물 시장.

5) 국수를 증기로 익히고 기름에 튀겨서 말린 즉석식품.

7) 나라와 나라 사이에 서로 물품을 매매하는 일.

8) 성모 마리아의 조각상.

9) 사람의 일생 가운데에서 마지막 무렵.

13) 가슴의 판판한 부분을 속되게 이르는 말.

14) 그리스의 수도.

17) 공연히 조그만 흠을 들추어내어 불평을 하거나 말썽을 부림. 또는 그 불평이나 말썽. 🅮 꼬투리

19) 시야에는 들어오지만 조금 멀리 떨어진 곳. ○○○에서 바라보다.

20) 선택할 것이 두 가지인데, 어느 쪽을 선택해도 바람직하지 못한 결과가 나오는 상황을 뜻하는 외래어. ○○○에 빠지다.

22) 다쳤거나 앓고 있는 환자나 노약자를 보살피고 돌봄.

23) 차를 마시고 밥을 먹는 일이라는 뜻으로, 보통 있는 예사로운 일을 이르는 말. 일상○○○.

24) 난방 장치를 한 방. 식물 재배를 위한 구조물.

25) 우연히 서로 만남.

세로

1) '자유자재로 행동하여 거침이 없는 상태'를 뜻하는 사자성어.

2) 밤하늘에 반짝이는 무수한 별.

4) 그 시대에 유행하는 말. 🅮 요샛말

6) 사람이나 사물의 겉모습. 또는 그 됨됨이.

10) 인간과 비슷한 형태를 가지고 걷기도 하고 말도 하는 기계 장치.

11) 등에 바늘 같은 가시가 돋쳐 있는 동물.

12) 암소가 새끼를 낳을 때마다 그 뿔에 하나씩 생기는 테.

15) 배구, 배드민턴 등에서 코트 중앙에 가로질러 양쪽 편을 구분하는 그물.

16) 도마뱀과 비슷한 파충류로 주위 환경에 따라 몸의 색이 변한다.

18) 어느 한 지역에 집중적으로 내리는 비.

19) 거리로 따졌을 때, 육지에서 멀리 떨어진 바다.

21) 이웃에 놀러 다니는 일. 유 나들이

22) 바다에서 조수가 빠져나가 해수면이 가장 낮아진 상태. 반 만조

▶ 정답 p.78

순우리말 짝짓기 ⑦

덧두리	ㄱ		❶	보잘것없는 푼돈
고린전	ㄴ		❷	심부름하는 값으로 주는 돈
신발차	ㄷ		❸	물건값을 제하고 거슬러 받는 잔돈
우수리	ㄹ		❹	정한 액수 외에 더 보태는 돈

▶ 정답 p.79

▼ 정답 p.77

각도기, 갈매기, 도장, 버섯, 생선뼈, ㅅㅈㄷ,
은행잎, 쭈쭈바, 칫솔, 호두

ㄱ ㅇ ㄹ, 공깃밥, 물개, 붕어빵, 숫자 2,
양말, 오리, 오이, 주전자 뚜껑, 해마

다른그림찾기 ⑧

가래떡 뽑는 날

▶ 정답 p.80

늦가을,　　메주 빚는 풍경

감, 립스틱, 보트, 부메랑, ㅂ ㅇ ㅋ, 빨대,
알파벳 D, 이쑤시개, 제기, 효자손

정답 p.77

62

갈매기, 당근, 뒤집개, 라이터, ㅅㅇ, 생선뼈, 슬리퍼,
은행잎, 책, 초밥

가로

1) 자산을 투자해 수익을 올리는 재무 활동.

2) '모든 것이 뜻대로 잘됨'을 뜻하는 사자성어.

5) 헌법에 의거해 근로 조건의 기준을 정해 놓은 법률.

6) 자기를 남보다 못하거나 무가치한 인간으로 낮추어 평가하는 감정. 🔴우월감

8) 수량이 셋이나 넷임을 이르는 말.

11) 바람을 막거나 무엇을 가리거나 또는 장식용으로 방 안에 치는 물건.

13) 국가나 단체의 비밀을 경쟁 또는 대립하는 국가나 단체에 제공하는 사람을 뜻하는 외래어. 🔵간첩

14) 일이 끝나기 전이나 물건을 받기 전에 미리 돈을 치름.

16) 겉만 보기 좋게 꾸미어 드러냄.

18) 어떤 일에 부수적으로 일어나는 바람직하지 못한 일. 🔵역효과

20) 한 해를 스물넷으로 나눈, 계절의 표준이 되는 것. 입춘, 경칩, 청명 등이 있다.

21) 생선이나 육류 따위를 신선하게 보관하기 위해 얼림.

22) 시신을 화장한 후 유골을 모셔 두는 곳. 🔵봉안당

24) 특별한 일이 없는 보통 때.

세로

1) 집에서 회사의 업무를 보는 일.

2) 규정한 점수에 꽉 찬 점수.

3) 진공 유리관으로 만든 전등.

4) 한 나라에서 공용어로 쓰는 규범으로서의 언어. 🔴사투리

6) 고온 다습한 곳에서 몸의 열을 발산하지 못하여 생기는 병.

7) 주로 예술 작품을 이해하여 즐기고 평가함.

9) 수다스럽게 떠벌려 늘어놓는 말이나 짓.

10) '남과 사이좋게 지내기는 하나 무턱대고 어울리지는 아니함'을 뜻하는 사자성어.

12) 얇은 고무주머니 속에 공기나 수소 가스를 넣어 공중으로 뜨게 만든 물건.

15) 남 괴롭히는 것을 일삼는 파렴치한 사람들의 무리.

16) 배추, 상추, 무 따위를 절여서 곧바로 무쳐 먹는 반찬.

17) 어리고 유치한 기분이나 감정.

19) 너그러운 마음으로 남의 말이나 행동을 받아들임.

21) 쌀쌀한 태도로 비웃음. 또는 그런 웃음.

23) 동네 안을 이리저리 통하는 좁은 길.

▶ 정답 p.78

순 우 리 말 짝 짓 기 ⑧

배냇머리	❼		❶	고불고불하게 말려 있는 머리털
떠꺼머리	ㄴ		❷	태어나서 한 번도 깎지 않은 갓난아이의 머리털
쑥대머리	ㄷ		❸	머리털이 마구 흐트러져 어지럽게 된 머리
고수머리	ㄹ		❹	혼인할 나이의 총각이나 처녀가 길게 땋아 늘인 머리

▶ 정답 p.79

강아지, 거북이, 땅콩, 립스틱, 무선이어폰, 물음표,
ㅂㅈㄱ, 새, 장어, 편지봉투

과녁, ㄷㅅㄹ, 등산지팡이, 부엌칼, 뼈다귀, 열대어, 올챙이, 이빨,
콩나물, 한글 자음 ㄷ

67

충성
안
오셨구나…

▶ 정답 p.80

권총, 도넛, 반창고, 병뚜껑, 붕어빵, 숫자 4,
알파벳 T, 작살, ㅊㅅ, 핸드폰

▼ 정답 p.77

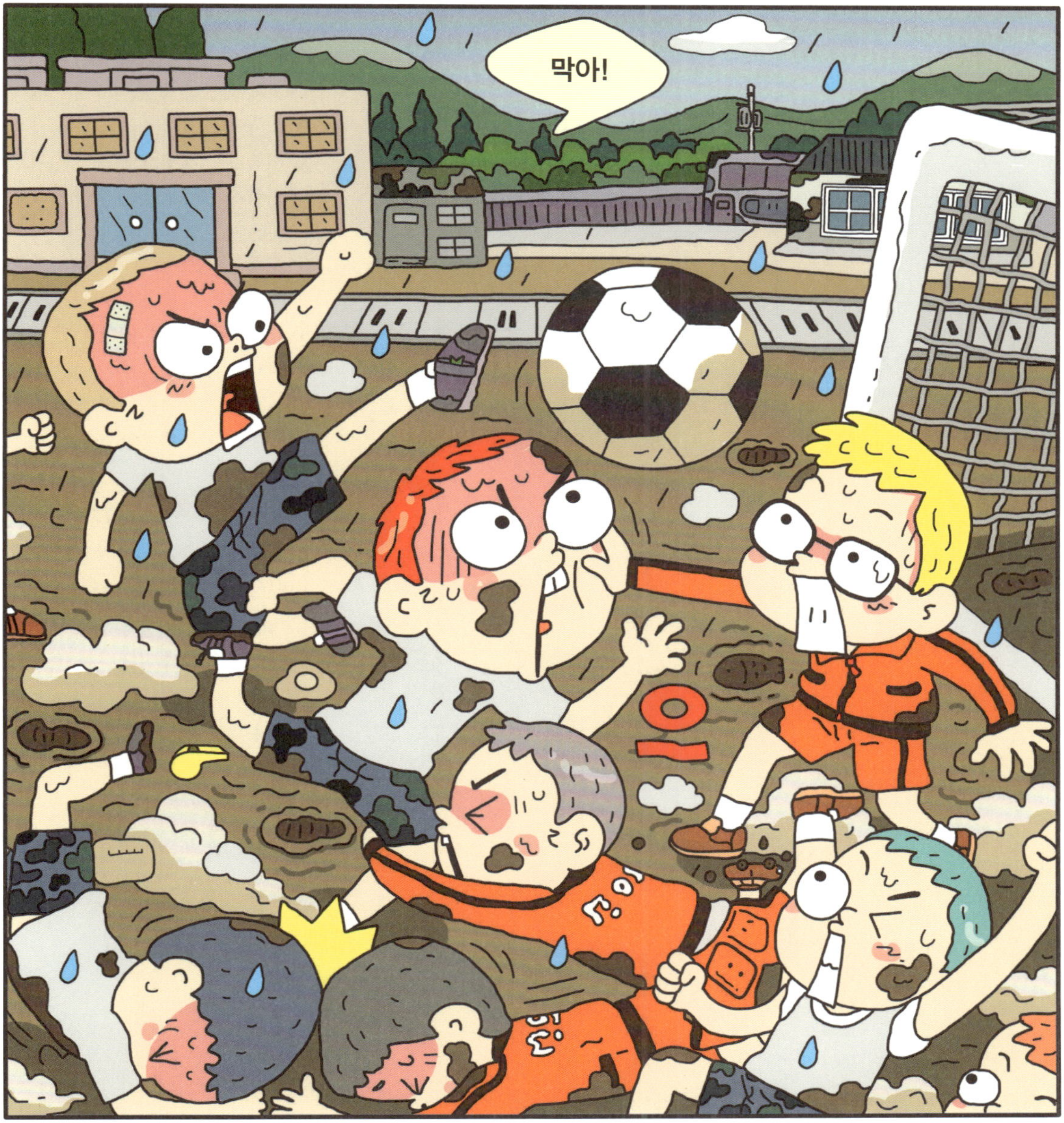

▶ 정답 p.77

건빵, 달걀프라이, 붕어빵, 손가락, 숫자 7,

ㅈㄷㅊ, 젖병, 책, 크래커, 화분

십자말풀이 ⑨

가로

1) 병의 입구나 구멍 따위에 끼워서 막는 물건.

3) 외국어를 배우기 위하여 현지로 가서 그 나라의 말과 생활을 직접 배우는 학습 방법.

6) 토목 공사에 쓰는 중량이 큰 기계를 통틀어 이르는 말.

8) 동물이나 사람의 형상을 한 잡된 귀신의 하나.

9) 어느 한쪽으로 치우친 것.

10) 사고나 자연재해 따위로 애석하게 목숨을 잃음.

11) 큰 소리로 꾸짖음. 🔄야단

12) 공업 생산의 원료가 되는 자재.

14) 보고 싶어 애타는 마음.

16) 비석, 기와, 기물 따위에 새겨진 글씨나 무늬를 종이에 그대로 떠냄.

18) 먹은 음식이 위에서 잘 소화되지 아니하여서 생긴 가스가 입으로 복받쳐 나옴.

19) 부부의 한쪽에서 본 다른 쪽.

20) 여자끼리의 동기(同氣). 언니와 여동생 사이를 이른다.

22) 믿지 못하고 두려워하는 마음.

24) 지원하거나 청원하는 내용을 적은 서류.

25) '몹시 빠르게 부는 바람과 무섭게 소용돌이치는 물결'을 뜻하는 사자성어. 청소년기를 이 시기로 일컫기도 한다.

세로

1) 펌프질을 할 때 물을 끌어 올리기 위하여 위에서 붓는 물.

2) 극장이나 시장, 해수욕장 따위의 영업을 시작함.

3) 사람의 몸에서, 목의 아래 끝에서 팔의 위 끝에 이르는 부분.

4) 공부하며 학문을 닦는 데에 드는 비용.

5) 시험을 치르는 학생.

7) '같은 현상이나 일이 한두 번이나 한둘이 아니고 많음'을 뜻하는 사자성어.

8) 남의 물건을 훔치거나 빼앗는 짓.

10) 순우리말로, 채 마르지 않은 장작을 뜻한다.

12) 둥근 탁자에 둘러앉아서 하는 회의.

13) 장사나 사업 따위의 기본이 되는 돈.

14) 물체가 빛을 가려서 그 물체의 뒷면에 드리워지는 검은 그늘.

15) 움을 파고 지은 집. 움막보다 조금 크다.

17) 살림이나 처지가 딱하고 어려움. ○○이웃돕기.

19) 법률가가 아닌 일반인 가운데 선출되어 재판에 참여하고 판단을 내리는 사람.

21) 사사로운 이익을 위하여 나라의 주권이나 이권을 남의 나라에 팔아먹는 행위를 하는 사람. 🔁 애국자

23) 물체의 겉을 싸고 있는 단단하지 않은 물질.

▶ 정답 p.78

순 우 리 말 짝 짓 기 ⑨

모도리 ㄱ	❶ 하는 짓이 변변하지 못한 사람을 놀리는 말
마당발 ㄴ	❷ 언제나 한결같이 꼭 그렇게
업숭이 ㄷ	❸ 빈틈없이 아주 아무진 사람
또바기 ㄹ	❹ 인간관계가 넓어서 폭넓게 활동하는 사람

▶ 정답 p.79

p.2

돌고래, 만두, 말굽자석, 멸치, 붕어빵,
솜사탕, 숫자 6, 알파벳 B, 여우, 쥐

p.3

고슴도치, 바게트빵, 성냥개비, 악어,
옷걸이, 펭귄, 하키채, 한글 자음 ㅁ, 핫도그,
효자손

p.6

권총, 금붕어, 낚싯바늘, 도넛, 땅콩, 라면,
숫자 6, 연필, 장도리, 토끼

p.7

가오리, 건전지, 높은음자리표 𝄞, 립스틱,
성냥개비, 알파벳 y, 은행잎, 젖병, 초밥,
화살표

p.10

공깃밥, 밤, 병아리, 손톱깎이, 양말,
와이파이 기호 📶, 장총, 팝콘, 한반도 지도,
항아리

p.11

과도, 나비, 라면, 밤, 붓, 삼각자, 악어,
장도리, 팔분음표 ♪, 화분

p.14

낚싯바늘, 면봉, 밤, 병아리, 숫자 3,
아령, 자, 지렁이, 파리채, 호두

p.15

각도기, 고추, 만두, 말굽자석, 모래시계,
숫자 4, 열쇠, 오리발, 태극 문양, 회오리 사탕

p.18

건전지, 과도, 숫자 3, 아령, 장도리, 장총,
촛불, 편지봉투, 한글 자음 ㄹ, 활

p.19

눈, 만두, 말굽자석, 반창고, 뼈다귀,
손톱깎이, 숫자 9, 촛불, 하트, 회오리 사탕

p.22

공깃밥, 쉼표, 식빵, 오리발, 우산,
자, 전기 플러그, 제기, 종이배, 핸드폰

p.23

농구공, 도토리, 독수리, 빨래집게, 숫자 2,
오이, 지렁이, 편지봉투, 한반도 지도, 효자손

p.26

깃털, 당근, 도토리, 산타 모자, 알약,
알파벳 V, 커러칼, 펭귄, 항아리, 활

p.27

공깃밥, 과도, 도넛, 막대사탕, 숫자 3,
볼링핀, 부메랑, 코끼리, 팝콘, 한글 자음 ㅅ

p.30

가오리, 금붕어, 다리미, 도마뱀, 도토리,
뗏목, 오징어, 젖병, 촛불, 화살표

p.31

깔때기, 나비, 라이터, 숫자 2, 오리,
요리사 모자, 은행잎, 작살, 창, 회오리 사탕

p.34

깔때기, 꼬치 오뎅, 부메랑, 삼각자,
스페이드 ♠, 알파벳 M, 유에프오, 종이배,
태극 문양, 화살

p.35

껌 종이, 면도기, 립스틱, 박쥐, 보트,
볼링핀, 빗, 새, 숫자 7, 외계인

p.38

나사못, 반지, 발자국, 빨래집게, 아이스크림,
알파벳 H, 이빨, 꼬치 오뎅, 쭈쭈바, 책

p.39

단추, 도끼, 때수건, 망치, 못, 알파벳 K, 작살,
주사위, 칫솔, 핸드폰

p.42

라면, 빨대, 사탕, 손가락, 접이식 칼,
종이배, 책, 칠판지우개, 태극 문양,
한글 자음 ㅅ

p.43

각도기, 고인돌, 늑대, 바게트빵, 붕어빵,
아이스크림, 열대어, 제기, 조개, 해마

p.46

공깃밥, 늑대, 달걀프라이, 땅콩, 뚫어뻥,
배추, 부엌칼, 손가락, 장도리, 털모자

p.47

감, 건빵, 몽당연필, 소시지, 아이스크림,
알파벳 A, 압정, 야구모자, 열쇠, 하트

p.50

공룡, 땅콩, 망치, 버섯, 숫자 4, 오리,
오리발, 조개, 크래커, 팝콘

p.51

감자, 과녁, 드라이어, 멸치, 밤, 숫자 2,
유에프오, 윷가락, 종이배, 화분

p.54

감, 권총, 나사못, 드라이어, 바늘, 숫자 1,
오리, 칠판지우개, 텐트, 펭귄

p.55

곰, 레몬, 마늘, 마이크, 면봉, 숫자 8, 아령,
알파벳 H, 전갈, 커터칼

p.58

각도기, 갈매기, 도장, 버섯, 생선뼈, 손전등,
은행잎, 쭈쭈바, 칫솔, 호두

p.59

가오리, 공깃밥, 물개, 붕어빵, 숫자 2, 양말,
오리, 오이, 주전자 뚜껑, 해마

p.62

감, 립스틱, 보트, 부메랑, 부엌칼, 빨대,
알파벳 D, 이쑤시개, 제기, 효자손

p.63

갈매기, 당근, 뒤집개, 라이터, 상어, 생선뼈,
슬리퍼, 은행잎, 책, 초밥

p.66

강아지, 거북이, 땅콩, 립스틱, 무선이어폰,
물음표, 발자국, 새, 장어, 편지 봉투

p.67

과녁, 독수리, 등산지팡이, 부엌칼, 뼈다귀,
열대어, 올챙이, 이빨, 콩나물, 한글 자음 ㄷ

p.70

권총, 도넛, 반창고, 병뚜껑, 붕어빵, 숫자 4,
알파벳 T, 작살, 칫솔, 핸드폰

p.71

건빵, 달걀프라이, 붕어빵, 손가락, 숫자 7,
자동차, 젖병, 책, 크래커, 화분

❶ p.8

아		통	신			실	마	리
인	체		분	기	탱	천		허
슈	크	림			크		낭	설
타		보	라	매			패	
인	재		켓		자			지
	활			수	정	과		구
작	용					오	리	온
위		술	래	잡	기			난
적		탄			운	전		화

❷ p.16

		그	루	터	기			
	살	림			원	피	스	
노	포		정	도	전		위	
심		갑		마		공	치	사
초		자	유		참	회		탕
사	춘	기		소		전		
	추		공	매	도		접	견
	관	례	화			부	근	
			국	가	주	의		

❸ p.24

택	일		은	유	법		낚	시
배	회				무			나
	용		가	치	관			브
상	품	권		료		함	부	로
		태	업		면	박		
소	나	기		지		눈	썰	미
	비		고	구	려		매	
발	효	식	품			손	놀	림
전	과		격			해	이	

❹ p.32

만	사	형	통		주	전	부	리
족			장	애	물		지	
	드	론		당		공	기	
독	립		전	초	전		수	입
재		수	천					방
자	격		후	일	담		맹	아
	세	기		자		범	인	
	지		시	리	즈		학	익
악	감	정			음		교	

❺ p.40

한	보		신	기	루		십	
계	좌	번	호		트	레	이	너
	관		등	교			지	
오				직	통		신	화
타		비	만		과	잉		수
와	인		회	귀		여	러	분
	면			하	나			
해	수	욕	장		들	쑥	날	쑥
	심		사	나	이		개	

❻ p.48

강	강	술	래		신	출	귀	몰
화	제		퍼	센	트			상
유		질			림	프		식
리		서	비	스			솜	
	이				형	용	사	
홍	익		명		편		탕	감
길		비	약					탄
동	전		관	현	악		차	고
전	통	문	화		몽	니		토

❼ p.56

종	이	접	기		벼	룩	시	장
횡			라	면			쳇	
무	역		성	모	상		말	로
진		고				뿔		봇
	가	슴	팍		아	테	네	
		도		카			트	집
먼	발	치		멜				중
바			딜	레	마		간	호
다	반	사		온	실		조	우

❽ p.64

재	테	크			만	사	형	통
택			표		점		광	
근	로	기	준	법		열	등	감
무			어			사		상
	서	너		화		병	풍	
		스	파	이			선	불
겉	치	레		부	작	용		한
절	기		냉	동		납	골	당
이		평	소				목	

❾ p.72

마	개				어	학	연	수
중	장	비		도	깨	비		험
물		일	방	적			희	생
		비		질	타		나	
원	자	재				그	리	움
탁	본		불		트	림		집
회		배	우	자		자	매	
의	구	심			껍		국	
		원	서		질	풍	노	도

① p.9

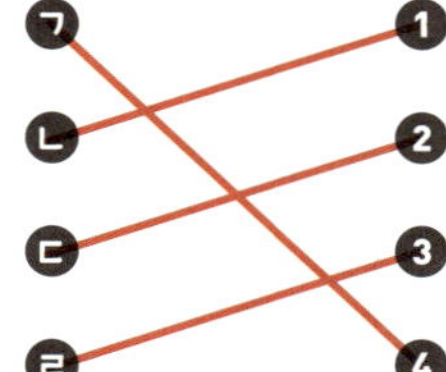

② p.17

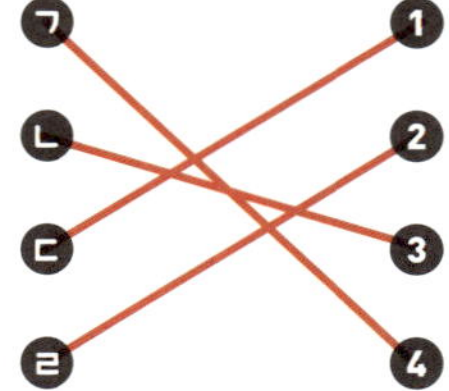

③ p.25

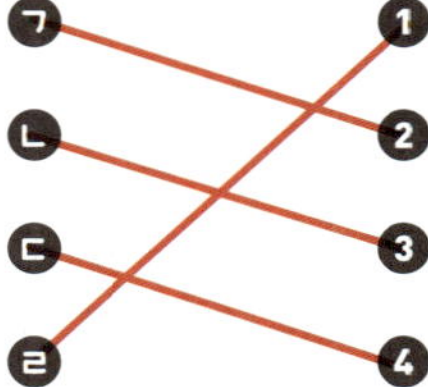

④ p.33

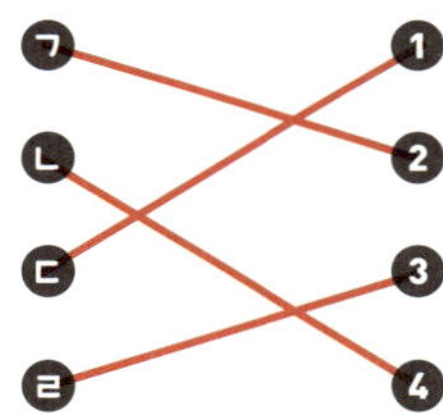

⑤ p.41

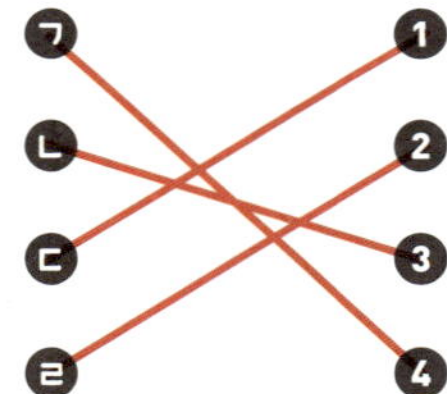

⑥ p.49

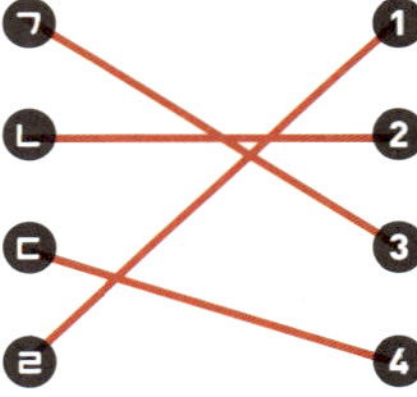

⑦ p.57

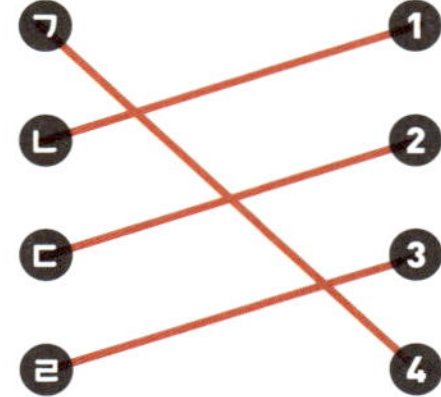

⑧ p.65

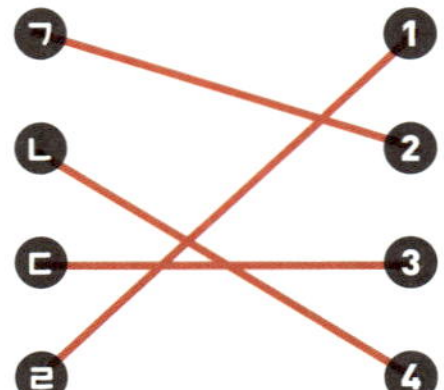

⑨ p.73

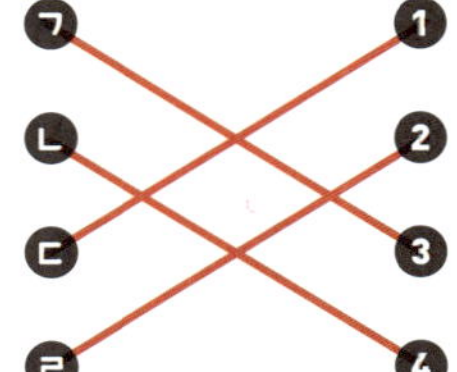

❶ p.4

❷ p.12

❸ p.20

❹ p.28

❺ p.36

❻ p.44

❼ p.52

❽ p.60

❾ p.68